대각성전도집회 다락방 시리즈 10

한 영혼을 얻을 수만 있다면

오정현 지음

오정현

열정의 비전 메이커 오정현 목사는 한 사람을 그리스도 안에서 온전한 제자로 세우는 제자훈련을 목회철학으로 삼고 '제자훈련의 국제화'와 '한국 교회 제2의 부흥'을 위해 쉬지 않고 달려가고 있다. 현재 사랑의교회 담임목사이다.

대각성전도집회 다락방 시리즈 10

한 영혼을 얻을 수만 있다면

초판 1쇄 발행 2009년 10월 30일
초판 5쇄 발행 2023년 8월 20일

지 은 이 오정현

펴 낸 이 박주성
펴 낸 곳 국제제자훈련원
등 록 제2013-000170호(2013년 9월 25일)
주 소 서울시 서초구 효령로 68길 98(서초동)
전 화 02) 3489-4300 팩 스 02) 3489-4329
이 메 일 dmipress@sarang.org

ISBN 978-89-5731-431-9 03230
978-89-5731-429-6(set)

※ 책값은 뒤표지에 있습니다. 잘못된 책은 구입하신 곳에서 교환해드립니다.

국제제자훈련원은 건강한 교회를 꿈꾸는 목회의 동반자로서 제자 삼는 사역을 중심으로 성경적 목회 모델을 제시함으로 세계 교회를 섬기는 전문 사역 기관입니다.

대각성전도집회 다락방 시리즈 10

한영혼을 얻을 수만 있다면

오정현 지음

국제제자훈련원

:: 교재 사용에 대하여 ::

제자훈련을 하고 있는 교회라면 대각성전도집회를 1년에 한 번씩 갖는 것이 좋다. 제자훈련을 통해 축적된 영적인 힘을 발휘할 수 있는 기회를 만들어주기 때문이다. 또한 교회가 영적으로 수혈을 받고 새롭게 일어나는 계기가 된다. 새로운 생명이 태어나는 산실인 대각성전도집회가 시작되면 교회는 영적인 잔치 분위기를 맛보게 될 것이다.

대각성전도집회는 준비 기간을 길게 두고 치밀한 준비를 해야 한다. 우리 마음에 안주하려는 습성을 깨고 새롭게 힘을 모으기 위해서는 적어도 5~6개월 전부터 치밀한 준비가 있어야 한다. 특별히 소그룹을 중심으로 영적으로 무장하며, 합심하여 기도로 준비하는 것은 대단히 중요하다.

이를 위해 지금까지 전도집회를 앞두고 소그룹에서 사용해 온 교재를 내어놓게 되었다. 다소나마 도움이 되길 바라며, 이 교재를 사용하기 원하면 다음 몇 가지를 참고해 주기 바란다.

1. 이 교재는 소그룹에서 귀납법적인 방법으로 성경을 공부하도록 만들어졌다. 그러므로 지도자는 소그룹 환경에서 귀납법적으로 성경을 공부하는 것이 무엇인지를 반드시 배우지 아니하면 안 된다.
2. 이 교재는 교역자가 매주 소그룹 지도자들을 먼저 예습시킨 다음 사용하게 해야 바람직한 효과를 기대할 수 있다. 평신도에게 던져주고 그들 마음대로 사용하게 하는 것은 좋지 않다.
3. 소그룹에 참석하는 자들은 반드시 미리 예습을 하도록 권장해야 한다.
4. 한 과의 내용을 다 공부하려면 2시간 이상이 필요하다. 그러므로 문제에 따라 답만 찾아보고 넘어가야 할 것과 함께 토의하면서 진지하게 적용해야 할 것을 잘 구별해서 시간 안배를 잘 해야 한다.

CONTENTS

1. 참 쉼이 있는 복음 _ 열린 다락방

28 수고하고 무거운 짐 진 자들아 다 내게로 오라 내가 너희를 쉬게 하리라 29 나는 마음이
온유하고 겸손하니 나의 멍에를 메고 내게 배우라 그리하면 너희 마음이 쉼을 얻으리니 30
이는 내 멍에는 쉽고 내 짐은 가벼움이라 하시니라

마음의 문을 열며

사람들은 저마다 삶의 무게를 지고 살아갑니다. 때로는 삶에 대한 집착이 우리의 어깨를 무겁게 짓누르기도 합니다. 어떻게 보면 그 짐의 무게는 내 집착의 무게인 셈입니다. 뿐만 아니라 요즘 현대인들은 육체적으로, 정신적으로 벼랑 끝에 내몰려 스트레스를 풀 방법이 없다는 데서 더 큰 스트레스를 받곤 합니다. 설령 스트레스를 풀었다 하더라도 지진 후의 여진처럼 완전한 해소를 경험하지 못합니다. 하루에도 수없이 '쉬고 싶다'고 말하지만, 정작 쉬지 못하는 모순을 안고 살아가는 것이 우리의 현실입니다.

이처럼 쉼이 없는 이 세대 속에서 짐 지고 고통하는 우리를 주님은 참된 쉼으로 초대하고 계십니다. 예수님이 주시는 쉼은 역설적으로 예수님의 멍에를 메고 그분에게 배우는 데서 얻는다고 말씀합니다. 그러나 주님의 멍에는 우리의 삶을 가치 있게 만들어 줍니다. 이 멍에를 메고 주님을 나의 주인으로 삼고 주님께 순종하면 매일 매일 흥분된 삶이 우리 앞에 펼

쳐집니다. 주님이 예비하신 은혜의 초원에 그 어떤 날쌘 준마가 달려가도 끝에 이르지 못할 만큼 무한한 자원이 펼쳐지는 것입니다. 오늘 이 시간 우리 모두 주님의 손에서 이 쉼을 건네 받아 그것을 소유하고 누리는 복을 받기 바랍니다.

말씀의 씨를 뿌리며

1. 예수님은 인생이 어떻다고 말씀하십니까? 또 우리 인생을 무엇에 비유하고 계십니까? (참조/전도서 2:22-23)

• 28절/

* 전도서 2:22-23 사람이 해 아래에서 행하는 모든 수고와 마음에 애쓰는 것이 무슨 소득이 있으랴 일평생에 근심하며 수고하는 것이 슬픔뿐이라 그의 마음이 밤에도 쉬지 못하나니 이것도 헛되도다

2. 사람들은 저마다 삶의 무게를 지고 살아갑니다. 이것으로부터 자유롭지 않는 한 현재 자신의 삶에 절대 만족감을 가지기란 쉽지 않습니다. 그렇다면 당신의 마음을 쉬지 못하게 하는 짐은 어떤 것들이 있습니까? (참조/요한1서 2:16)

염려의 짐	물질의 짐	고통의 짐
낙심의 짐	양육의 짐	질병의 짐
슬픔의 짐	부양의 짐	죄의식의 짐
분노의 짐	경쟁의 짐	죽음의 짐

* 요한1서 2:16 이는 세상에 있는 모든 것이 육신의 정욕과 안목의 정욕과 이생의 자랑이니 다 아버지께로부터 온 것이 아니요 세상으로부터 온 것이라

3. 그동안 이 짐들을 떨쳐버리기 위해 어떤 노력들을 해왔습니까? 이 짐들을 끌어안고 하루하루 숨가쁘게 살아오진 않았습니까? 주님이 우리에게 주시는 세 가지 단계의 해결책은 무엇입니까?

- 1단계(28절)/

- 2단계(29절)/

- 3단계(29절)/

4. 많은 그리스도인들이 1단계의 무조건적인 쉼으로 만족하고 살아갑니다. 그러나 참 쉼을 얻고 이를 계속 유지하려면 여기에서 머무르면 안 됩니다. 한 단계 더 올라가야 합니다. 하지만 그것은 결코 어렵고 힘든 일이 아니라고 주님은 격려해 주십니다. 왜 그런지 그 이유를 곰곰히 생각해 보십시오 (참조/히브리서 4:15).

- 29절/

• 30절/

* **히브리서 4:15** 우리에게 있는 대제사장은 우리의 연약함을 동정하지 못하실 이가 아니요 모든 일에 우리와 똑같이 시험을 받으신 이로되 죄는 없으시니라

5. 예수님이 우리에게 주시는 쉼은 심리적인 치료효과가 뛰어난 플라시보(placebo)나 일시적인 진통제가 아닙니다. 주님께서 우리에게 주시는 쉼은 표피적인 쉼이 아니라 근본적인 쉼입니다. 한 번 솔직하게 스스로에게 물어보십시오. 그동안 어디에서 이 쉼을 얻으려 했습니까? 예수님이 주시는 쉼과 어떻게 다릅니까?

6. 우리는 모두 예수님께 나아온 자들입니다. 이제는 멍에를 메고 배우는 일이 필요합니다. 이것은 예수님 안으로 깊이 들어가는 것을 말합니다. 변두리가 아니라 은혜의 깊은 바다로 들어가는 것을 의미합니다. 사실 멍에를 메는 것보다 더 어려운 것은 주님과 충돌하면서 사는 삶입니다. 주님이 나에게 주시는 멍에는 무엇이라고 생각합니까? 이것을 메고 주님 안으로 깊이 들어가는 삶을 살지 않겠습니까?

7. 다음 글을 읽고 예수님이 어떤 분이신지, 그분이 메어주신 멍에가 왜 편안할 수 밖에 없는지 이야기해 보십시오.

예수님은 이 땅에 오셔서 인생의 모든 고통과 질고를 다 겪어 보셨습니다. 그래서 우리가 당하는 고통과 슬픔의 깊이를 아실 뿐 아니라 그것으로부터 건져 주시고자 도움의 팔을 펼쳐 주시는 분이십니다.

여러분은 식구가 많은 집에 가난이 주는 고통이 어떤 것인지 아실 것입니다. 나사렛이라고 하는 조그만한 마을에 보잘 것 없는 목공소를 경영하면서 많은 식구들을 부양해야 하는 예수님의 형편을 상상해 보십시오. 손바닥만한 동네에서 목공소를 경영하여 생기는 쥐꼬리만한 수입으로는 항상 생계를 유지하기가 힘겨웠을 것입니다. 주님은 가난을 경험하셨습니다. 생계가 막막해서 당장 앞으로 어떻게 살아야 될 지 걱정이 앞서는 분들이 있다면 예수님을 생각하십시오. 예수님이 먼저 겪어 보셨기 때문에 예수님은 여러분이 멜 수 있는 멍에를 메어 주시지, 감당할 수 없는 멍에를 메어 주시지 않습니다.

예수님은 식민지에 사시면서 착취자들의 폭압 아래 있는 평민이 어떤 아픔과 한을 겪어야 하는지 몸소 체험하신 분입니다. 예수님은 사랑하는 가족을 일찍 빼앗아간 죽음의 난폭함 앞에서 슬픔을 몸소 체험하신 분입니다. 예수님은 어린 나이에 사랑하는 아버지를 잃는 고통을 겪었을 뿐만 아니라 젊어서부터 과부가 된 자기 어머니 마리아를 모시면서 그 어머니의 고독을 친히 다 보았습니다. 사랑하는 사람을 일찍 여의고 고독과 씨름하면서 슬픔과 눈물로 지새는 분들이 계시다면 예수님을 생각하십시오. 예수님도 같은 슬픔을 당하셨습니다. 예수님은 인기를 누리기도 했지만 조롱과 비판을 받을 때도 많았습니다. 형제들과도 마음을 합하지 못해 그들로부터 배척당하는 아픔을 경험했습니다. 억울한 재판을 받으셨고, 억울한 죽음을 당하시기까지 했습니다.

실로 예수님은 인간이 짊어지고 있는 모든 짐을 직접 짊어지고 체험하셨습니다. 그러기에 그분은 온유와 겸손으로 우리를 대하셨고, 우리의 사정을 알고 불쌍히 여겨 주십니다. 우리에게 메기 쉬운 멍에를 메어 주시려고 마음을 쓰십니다. 끌고 가기 쉬운 짐을 지워주시려고 하십니다. 그래서 주님은 내 멍에는 편안하며 내 짐은 가볍다고 말씀하시는 것입니다.

삶의 열매를 거두며

이제 우리는 계속해서 예수님께 나아와 그분의 멍에를 메고 배우는 일에 열심을 내어야 합니다. 우리 삶에 산더미 같은 파도가 몰려와도 흔들리지 않는 안식과, 죽음을 앞에 놓고도 절망하지 않는 만세반석과 같은 평안을 누리는 주인공들이 되어야 합니다. 찬송가 455장(새찬송가 370장)을 부르면서 우리의 모든 짐이 노래로 바뀌는 체험이 있길 바랍니다.

2. 목자의 심정이 있습니까?

1 내가 그리스도 안에서 참말을 하고 거짓말을 아니하노라 나에게 큰 근심이 있는 것과 마
음에 그치지 않는 고통이 있는 것을 내 양심이 성령 안에서 나와 더불어 증언하노니 2 3 나
의 형제 곧 골육의 친척을 위하여 내 자신이 저주를 받아 그리스도에게서 끊어질지라도 원
하는 바로라 4 그들은 이스라엘 사람이라 그들에게는 양자 됨과 영광과 언약들과 율법을
세우신 것과 예배와 약속들이 있고 5 조상들도 그들의 것이요 육신으로 하면 그리스도가
그들에게서 나셨으니 그는 만물 위에 계셔서 세세에 찬양을 받으실 하나님이시니라 아멘

마음의 문을 열며

대각성전도집회를 영적 추수의 현장으로 만들기 위해서는, 영혼 구원을 위해 통절한 기도와 눈물을 드리며 잃은 양을 찾아 나서는 목자의 심정을 가진 전도자가 없이는 불가능합니다. 오늘 본문에서 우리는 한 영혼의 구원에서 그치지 않고 민족의 구원을 위해 마음에 무거운 짐을 지고 고통하는 한 사람, 곧 바울을 만나게 됩니다. 과연 당신에게는 이러한 목자의 심정이 있습니까? 이 시간 우리의 냉랭한 가슴에 목자의 심정으로 뜨거운 불을 지필 수 있길 바랍니다.

말씀의 씨를 뿌리며

1. 바울은 자신의 동족이요, 형제인 유대 민족의 구원 문제를 놓고 마치 큰 가시가 찌르는 듯한 고통을 맛보고 있었습니다. 그 고통의 수위는 어느 정도였습니까? 그리고 어디로까지 나아가고 있습니까?

- 1-2절/

- 3절/

2. 비록 바울은 달변이 아니었을지라도 듣는 자들의 가슴을 사정없이 사로잡았을 것입니다. 바울의 가슴에는 그만한 불을 담고 있었습니다. 눈물을 담고 있었습니다. 고통을 담고 있었습니다. 이 같이 불타는 심정으로 전도하는 바울의 모습이 어떠했을지 머릿속에 한번 그려 보십시오.

3. 이러한 바울의 심정은 바로 목자의 심정이요, 예수님 심정의 복사본이었습니다. 영혼들을 바라보시는 주님의 눈동자는 서기관이나 바리새인과 같지 않았습니다. 그들에게 전하시는 주님의 말씀에는 그분의 전인격과 사랑이 가득 담겨 있었습니다. 다음 구절들을 통해 그 예수님의 심정을 확인해 보십시오(참고/ 이사야 53:7).

- 누가복음 19:28, 41-44/

- 요한복음 10:14-15/

* 이사야 53:7 그가 곤욕을 당하여 괴로울 때에도 그의 입을 열지 아니하였음이여 마치 도수장으로 끌려 가는 어린 양과 털 깎는 자 앞에서 잠잠한 양 같이 그의 입을 열지 아니하였도다

4. 바울은 자신의 가슴속에 이러한 예수님의 심정을 심어준 것은 다름 아닌 성령이라고 고백하고 있습니다(1절). 성령을 통해 예수님의 심정이 바울의 심정이 되었다면, 바울의 심정이 오늘날 성령을 받은 우리 모두의 심정이 될 수 있음을 믿습니까? 당신은 누구에 대해서 성령께서 주시는 이러한 영적인 고통과 부담이 있습니까?

5. 바울은 이방인의 사도로 부름 받았지만, 자기 민족의 구원을 위해서라면 어떠한 희생이나 대가지불도 불사할 각오가 되어 있었습니다. 하지만 그의 애타는 심정과 달리 동족 이스라엘은 그에게 어떠한 존재였습니까?

- 고린도후서 11:24－25/

- 사도행전 28:17－20/

6. 그럼에도 불구하고 바울이 이러한 심정을 가졌다는 것은 놀라운 일이 아닐 수 없습니다. 인간적인 측면에서는 이를 갈면서 미워할 수밖에 없는 원수였지만, 바울은 그들의 죄는 미워하되 그들의 영혼만은 미워할 수 없었습니다. 당신은 어떠한 사람들을 전도대상자로 삼고 있습니까? 바울이 평생 자신을 괴롭히고 해를 끼친 동족마저 끌어안았던 것처럼 당신도 기도와 전도의 문을 한 차원 더 넓히지 않겠습니까?

7. 다음 글을 읽고 느낀 점을 이야기해 봅시다.

조나단 에드워즈의 사위이기도 했던 데이비드 브레이너드(David Brainerd)는 미개한 인디언들을 위해 자신의 한 평생을 송두리째 불태웠던 선교사였습니다. 그는 25세에 인디언 선교에 헌신하여 29세의 젊은 나이로 세상을 떠나고 말았지만, 그의 짧은 생애와 달리 그 영향력은 가히 폭발적이었습니다. 그는 폐결핵 말기에도 눈 덮인 언덕에서 붉은 선혈을 토하며 인디언들의 영혼 구원을 위해 기도했습니다. 마치 자신의 육체를 깎아서 하나님께 바치듯 자신을 산제물로 드렸던 것입니다. 그의 유일한 유작인 일기를 보면 다음과 같은 글이 써 있습니다.

"영혼을 주님께 인도할 수 있다면 내가 어디에 있든지, 어떻게 살든지, 또 무엇을 견디게 되든지 나는 관계치 않노라. 잠을 자면 저들을 꿈꾸고, 잠을 깨면 첫 번째 드는 생각이 잃어버린 영혼들이다. 아무리 박식하고 능란하며 또 심오한 설교와 청중을 감동시키는 웅변이 있을지라도 그것이 결코 인간의 심령에 대한 뜨거운 사랑의 결핍을 대신할 수는 없노라."

이것이 바로 바울의 심정이요, 목자의 심정이요, 성령이 주시는 심정입니다. 이러한 심정은 특별한 사람만이 품는 것이 아니라, 예수 믿는 모든 크리스천이 품어야 할 심정입니다. 당신이 자나깨나 품고 있는 생각은 무엇입니까?

삶의 열매를 거두며

이 시간 주님은 우리에게 2가지를 질문하십니다. “너에게 그치지 않는 고통이 있느냐? 너희 형제, 너희 민족을 위한 눈물이 있느냐?” 당신은 이 질문에 무엇이라고 대답하겠습니까? 우리가 성령을 받았다고 하면서 잃은 양을 찾아 헤매는 목자의 심정이 없다면 그것은 병든 마음입니다. 오늘 이 자리에, 우리의 마음속에 성령이 거하십니다. 성령은 우리에게 주님의 심정을 불어 넣어 주십니다. 이제 가슴을 열어 목자의 심정을 충만케 해달라고 기도하십시오. 그리고 이 놀라운 그리스도의 심정을 가득 담고 불쌍한 영혼들에게 가서 사랑을 전하십시오.

3. 한 영혼을 얻을 수만 있다면

[16] 내가 복음을 전할지라도 자랑할 것이 없음은 내가 부득불 할 일임이라 만일 복음을 전
하지 아니하면 내게 화가 있을 것이로다 [17] 내가 내 자의로 이것을 행하면 상을 얻으려니와
내가 자의로 아니한다 할지라도 나는 사명을 받았노라 [18] 그런즉 내 상이 무엇이냐 내가
복음을 전할 때에 값없이 전하고 복음으로 말미암아 내게 있는 권리를 다 쓰지 아니하는
이것이로다 [19] 내가 모든 사람에게서 자유로우나 스스로 모든 사람에게 종이 된 것은 더
많은 사람을 얻고자 함이라 [20] 유대인들에게 내가 유대인과 같이 된 것은 유대인들을 얻고
자 함이요 율법 아래에 있는 자들에게는 내가 율법 아래에 있지 아니하나 율법 아래에 있
는 자 같이 된 것은 율법 아래에 있는 자들을 얻고자 함이요 [21] 율법 없는 자에게는 내가
하나님께는 율법 없는 자가 아니요 도리어 그리스도의 율법 아래에 있는 자이나 율법 없는
자와 같이 된 것은 율법 없는 자들을 얻고자 함이라 [22] 약한 자들에게 내가 약한 자와 같이
된 것은 약한 자들을 얻고자 함이요 내가 여러 사람에게 여러 모습이 된 것은 아무쪼록 몇
사람이라도 구원하고자 함이니 [23] 내가 복음을 위하여 모든 것을 행함은 복음에 참여하고
자 함이라

마음의 문을 열며

본문은 대각성전도집회를 앞두고 있는 우리에게 대단히 중요한 말씀입니다. 이 세상에서 하나님 나라의 확장을 위해 부름 받은 복음의 증인 된 우리가 먼저 소유해야 할 진정한 전도자의 자세와 마음가짐을 다루고 있기 때문입니다.

바울은 자신을 내세울 만한 많은 이력들을 가지고 있었지만, 그 모든 것들을 다 배설물로 여기고 오직 자기를 비워 종의 모습으로 복음을 전하려 했습니다. 그가 이방인의 사도로 부름 받은 후 남은 생애 전부를 전도하는데 드렸기에 누구보다도 전도에 대해서는 다양한 노하우를 갖고 있었을 것입니다. 하지만 오늘 바울이 우리에게 가르쳐주고 있는 것은 전도의 방법이나 형식이 아니라 전도자의 자세와 중심이라는 점입니다. 그는 매번 같은 방법으로 전도하지 않았습니다. 만나는 사람마다 그와 같이 되어 그에게 맞는 방법으로 전도했습니다. 바울이 도전하고 있는 전도자의 3가지 자세를 살펴보면서 한 영혼을 얻기 위해 그가 드린 땀과 눈물이 이제 우리 모두의 것이 되길 바랍니다.

말씀의 씨를 뿌리며

1. 첫째로 바울은 전도자의 사명을 다하기 위해 자신의 권한까지 철저히 포기했지만 결코 자랑거리가 될 수 없다고 생각했습니다. 그 이유가 어디에 있습니까?

- 16절/

- 17절/

2. '부득불' 이라는 말에서 알 수 있듯이 바울도 전도에 대해서 인간적인 연약함이 있었습니다. 당신은 어떻습니까? 주님을 너무나 사랑하기 때문에 자진해서 복음을 전한 베드로나 요한에 가깝습니까? 아니면 억지로 징병된 바울에 가깝습니까? 전도가 부득불 할 일이라고 할 때 개인의 성향이나 기질, 그밖에 다른 이유들까지라도 초월한다는 사실을 시인할 수 있습니까?

3. 두 번째로 바울은 복음을 값없이 전해야 한다는 신념을 갖고 있었습니다(18절). 이것은 자기 권리를 포기한다는 말이요, 나아가 복음을

전하는 데 필요한 희생은 무엇이든지 치른다는 말입니다. 필요하면 우리의 생명도 아끼지 않고 바칠 수 있어야 한다는 것입니다. 이에 비추어 볼 때 오늘날 기독교의 위기가 어디에 있다고 생각합니까?

4. 이어서 바울은 비중을 실어 전도자가 가져야 할 세 번째 자세를 이야기해 주고 있습니다. 그것이 무엇이며, 또한 그렇게 하는 목적이 어디에 있습니까?(참고/20-23절)

- 19절/

5. 바울은 단 몇 사람만이라도 구원할 수 있다면 모든 가능한 수단을 다 동원했고, 그것도 전도 대상자에게 가장 적절한 방법으로 복음을 전했습니다. 곧 '만인을 위해서 만 가지 방법'을 동원했습니다. 바울이 이처럼 자기를 비우고 종이 되어 복음을 전하려고 했던 것은 다름 아닌 예수님으로부터 배운 것이었습니다. 다음 구절을 통해 예수님의 성육신의 원리, 복음이 가지고 있는 위대한 사랑의 원리를 확인해 보십시오.

- 빌립보서 2:5-8/

6. 기독교 역사 2000년 동안 복음이 증거될 때 나타나는 공통적인 현상은 철저하게 주를 본받아 자기를 낮추는 사람에 의해서 복음의 열매가 맺혔다는 사실입니다. 곧 세상의 구경거리요, 만물의 찌끼같이 자신을 철저히 낮춘 사람을 통해서 복음이 증거되었다는 사실입니다. 아직까지 전도의 열매를 맺기 힘든 대상이 있습니까? 그 한 사람을 얻기 위해 내가 희생해야 할 대가는 무엇입니까?

7. 다음 글을 읽고 느낀 점을 이야기해 봅시다.

19세기 전설적인 나환자 선교사였던 다미엔(Damien) 신부는 나병환자들을 위해 평생을 바친 인물입니다. 그가 자원하여 들어간 몰로카이 섬은 문둥병자들만 모여 살던 죽음의 섬이었습니다. 그는 나병환자들의 고름을 닦아주고, 발도 씻겨 주었으며, 말벗도 되어 주었습니다. 또한 매일 죽어나가는 사람을 위해 기도해 주었습니다.

하지만 그들은 다미엔이 없는 곳에서 "다미엔 신부는 문둥이가 뭔질 모르지, 그는 정상인이잖아! 오히려 이러한 봉사를 한다는 것에 대해 은밀한 희열을 느끼며 우리들을 돌보고 있을지도 몰라" 하고 수군거렸습니다.

이를 안 다미엔은 곧바로 기도실에 들어가 눈물로 기도하기 시작했습니다. "주여, 나를 문둥이가 되게 하여 주옵소서." 그들에게 복음을 전하고 그들에게 그리스도의 사랑을 전하기 위해서는 철저하게 그들처럼 되어야 한다는 사실을 영적으로 깨닫게 된 것입니다. 얼마 후 다미엔은 점차 감각이 무뎌지고 눈썹이 빠지며 관절이 떨어져 나갔습니다. 그에게 죽음의 병이 찾아온 것입니다.

다미엔은 손가락 마디가 떨어져 나간 나병환자의 모습으로 그들 앞에 서서 외쳤습니다. "사랑하는 여러분! 주님은 나병에 걸린 우리들을 사랑하십니다." 그러자 수많은 나병환자들이 전류에 감전된 듯한 감동을 받았고 복음을 받아들이게 되었습니다.

삶의 열매를 거두며

바울은 한 사람에게라도 복음을 더 전하기 위해 자기 특권을 포기하고 종의 자리에까지 자기를 낮추어 할 수 있는 한 최선을 다했습니다. 한 영혼이라도 구원하고 싶다면 철저히 낮아져야 합니다. 종이 되어야 합니다. 그리고 그 영혼을 사랑하는 마음으로 접근할 때 하나님께서 은혜를 주십니다. 당신은 전도대상자들에게 어떤 모습으로 다가가고 있습니까? 그들에 대해서 얼마나 알고 있습니까? 한주간 동안 태신자 각각에게 가장 적합한 방법으로 전도할 수 있도록 성령님께 지혜를 구합시다.

4. 하나님 나라에 대한 환상이 있습니까?

1 데오빌로여 내가 먼저 쓴 글에는 무릇 예수께서 행하시며 가르치시기를 시작하심부터 2
그가 택하신 사도들에게 성령으로 명하시고 승천하신 날까지의 일을 기록하였노라 3 그가
고난 받으신 후에 또한 그들에게 확실한 많은 증거로 친히 살아 계심을 나타내사 사십 일
동안 그들에게 보이시며 하나님 나라의 일을 말씀하시니라 4 사도와 함께 모이사 그들에게
분부하여 이르시되 예루살렘을 떠나지 말고 내게서 들은 바 아버지께서 약속하신 것을 기
다리라 5 요한은 물로 세례를 베풀었으나 너희는 몇 날이 못되어 성령으로 세례를 받으리
라 하셨느니라 6 그들이 모였을 때에 예수께 여쭈어 이르되 주께서 이스라엘 나라를 회복
하심이 이 때니이까 하니 7 이르시되 때와 시기는 아버지께서 자기의 권한에 두셨으니 너
희가 알 바 아니요 8 오직 성령이 너희에게 임하시면 너희가 권능을 받고 예루살렘과 온
유대와 사마리아와 땅 끝까지 이르러 내 증인이 되리라 하시니라 9 이 말씀을 마치시고 그
들이 보는데 올려져 가시니 구름이 그를 가리어 보이지 않게 하더라 10 올라가실 때에 제
자들이 자세히 하늘을 쳐다보고 있는데 흰 옷 입은 두 사람이 그들 곁에 서서 11 이르되 갈
릴리 사람들아 어찌하여 서서 하늘을 쳐다보느냐 너희 가운데서 하늘로 올려지신 이 예수
는 하늘로 가심을 본 그대로 오시리라 하였느니라

마음의 문을 열며

사도행전 1장은 우리가 진정 마음을 두어야 할 것이 있다고 말씀합니다. 바로 하나님 나라에 대한 환상입니다. 죄와 사망의 권세를 정복하시고 부활하신 영광의 주님은 승천하시기 전 40일 동안 제자들과 하나님 나라에 대해 이야기를 나누셨습니다. 대화의 주제도, 품으신 꿈도, 마음에 있는 생각도 다 하나님 나라에 집중되어 있었습니다. 예수님이 영원토록 다스리실 하나님 나라만이 그분의 주된 관심사였기 때문입니다.
이 시간 말씀을 통해 다시 한번 하나님 나라에 대한 환상에 사로잡힐 수 있길 바랍니다. 그 나라의 완성에 대한 비전을 가지고 우리 앞에 있는 영혼들에게 나아갈 때 그들이 두 손 들고 주님 앞으로 돌아오는 역사가 일어나길 소망합시다.

말씀의 씨를 뿌리며

1. 부활하신 예수님이 40일 동안 제자들을 만나 이야기 꽃을 피웠던 주제는 무엇입니까? 그 이유가 어디에 있다고 생각합니까?
   - 3절/

2. 본문을 보면 하나님 나라의 시작과 진행과 완성이 잘 정리되어 있습니다. 각각의 구절들을 통해 이를 살펴보도록 합시다.

- 시작(1절)/

- 진행(8절)/

- 완성(11절)/

3. 이처럼 온통 예수님의 관심과 주제는 하나님 나라뿐이었습니다. 이에 반해 제자들의 관심사는 어디에 있었습니까?

- 6절/

4. 현실 속에서 신음하는 백성들의 사정을 누구보다도 잘 아셨음에도 주님이 현실이 아닌 하나님 나라에 관심을 두셨다는 것은 우리에게 중요한 교훈을 던져줍니다. 사도행전에 등장하는 수십만 명의 제자들 역시 하나님 나라를 위해 세상을 살았던 사람들입니다. 그들은 하나님 나라를 대망하며 그 나라에 대한 비전으로 전혀 다른 인생을 살았습니다. 이와 비교해 볼 때 당신의 삶의 관심은 어느 쪽에 치우쳐 있는 편입니까?

5. 하나님 나라에 마음을 둔 자는 하나님 나라에 관심을 가지고 여기에 모든 것을 집중합니다. 역사의 주인은 하나님 나라를 대망하고 살면서 이 땅에 하나님 나라가 임할 것을 기대합니다. 다음 구절들을 살펴보면서 하나님 나라에 대한 꿈과 환상을 새롭게 품어 보십시오.

- 요한계시록 7:9-10/

- 요한계시록 22:3-5/

• 사도행전 2:17-28/

6. 예수님과 더불어 세세토록 왕노릇할 하나님 나라가 다가오고 있습니다. 그 나라는 인종, 남녀, 계층, 국경을 뛰어넘어 모든 백성과 민족이 초청받아 하나님의 거룩한 백성을 이루는 곳입니다. 그 나라가 완성되려면 5대양 6대주에 흩어진 수많은 민족들이 회개하고 돌아와야 합니다. 이를 위해 하나님께서는 우리를 부르셨습니다. 당신은 전도 대상자들을 보면서 어떠한 환상을 보고 있습니까? 오늘 말씀을 통해 성령께서 어떤 환상을 보여 주십니까?

7. 다음 글을 읽고 느낀 점을 이야기해 봅시다.

다음 이야기는 오래 전 부산 호산나교회에서 있었던 실화입니다. 그 교회에 어느 여집사님 한 분이 계셨는데 믿지 않는 남편을 인도하기 위해 자주 이런 말을 했다고 합니다. "여보, 나 혼자 교회에 나가면 나를 과부로 생각하는 사람들이 많을 거예요. 한 번만 같이 나가서 내가 과부가 아님을 증명해 줄 수 없어요?" 그러던 어느 주일 날 남편이 따라 나오게 되었고, 즉시 등록하게 되었습니다. 그 후 이들 부부는 함께 장애인 사역을 하는 사랑부에 들어가 7년 동안 열심히 봉사했습니다.

그들에게는 두 아들이 있었습니다. 마침 한 아이가 이태리에 유학 중이었는데, 몇 주 전 교통사고로 죽었다는 비보를 받았습니다. 이들 부부는 아들의 시신과 짐을 정리하기 위해 서둘러 비행기에 올라탔고, 가는 도중 옆에 앉은 승객에게 계속 전도했다고 합니다. 그러자 승객이 물었습니다. "선생님은 뭘 하시는 분이길래 이렇게 예수 믿으라고 하십니까?" 이에 부부는 자초지종을 이야기했습니다. 그 말을 들은 승객은, 아들의 생명을 잃었음에도 영적으로 죽어가는 생명에 대한 안타까움으로 자신에게 전도하는 것을 보고 큰 쇼크를 받았습니다. 그리고는 예수를 믿게 되었습니다. 그들 부부라고 왜 인간적인 슬픔과 고통이 없겠습니까? 하지만 영적으로 죽어가는 한 영혼의 생명 또한 소중한 생명이었기에 그냥 지나칠 수 없었던 것입니다.

이들 부부의 감동적인 실화는 여기에서 끝나지 않습니다. 이태리에 도착해 보니 사고를 낸 사람은 평소 자기 아들이 전도하려고 친하게 지내던 천주교 신자였습니다. 그러자 아무런 보상도 요청하지 않은 채 장례식을 치렀습니다. 그리고 비행기로 되돌아오는 중에도 옆에 앉은 사람에게 전도했습니다.

나중에 교회에 돌아와서 이들 부부가 이런 말을 했다고 합니다. "사람들이 나를 보면 돌았다고 생각할지 모릅니다. 제가 극심한 슬픔 가운데서도 이렇게 주님을 전할 수 있었던 이유는 바로 하나님 나라 때문이었습니다. 그 나라에 가면 내가 당한 이 모든 슬픔의 이유를 알게 될 것입니다. 이것이 나에게 결코 불행이 아니었음이 드러날 것입니다. 하나님 나라가 있기에 나는 슬픔의 늪에서도 전도할 수 있었습니다."

삶의 열매를 거두며

과연 우리 마음의 중심에 하나님 나라가 있습니까? 삶의 최우선 순위가 하나님 나라입니까? 주님께서는 나를 향해, 우리가 섬기는 교회를 향해, 한국 교회를 향해, 세계 교회를 향해 예수의 이름과 성령의 능력, 하늘의 환상을 가슴에 가득 품고 나아가 하나님 나라를 완성하라고 명하십니다. 당신이 완성해야 할 예루살렘과 유대와 사마리아와 땅 끝이 어디입니까? 이를 놓고 합심해서 기도하십시오. 그 가운데 하나님 나라가 임하도록 간절히 기도하십시오.

5. 은혜의 해를 선포하라

16 예수께서 그 자라나신 곳 나사렛에 이르사 안식일에 늘 하시던 대로 회당에 들어가사
성경을 읽으려고 서시매 17 선지자 이사야의 글을 드리거늘 책을 펴서 이렇게 기록된 데를
찾으시니 곧 18 주의 성령이 내게 임하셨으니 이는 가난한 자에게 복음을 전하게 하시려고
내게 기름을 부으시고 나를 보내사 포로 된 자에게 자유를, 눈 먼 자에게 다시 보게 함을
전파하며 눌린 자를 자유롭게 하고 19 주의 은혜의 해를 전파하게 하려 하심이라 하였더라
20 책을 덮어 그 맡은 자에게 주시고 앉으시니 회당에 있는 자들이 다 주목하여 보더라 21
이에 예수께서 그들에게 말씀하시되 이 글이 오늘 너희 귀에 응하였느니라 하시니

마음의 문을 열며

우리는 오늘 본문을 통해 주님 사역의 핵심을 엿볼 수 있을 뿐 아니라 그 속에 담긴 예수님의 심정을 가까이서 느낄 수 있습니다. 예수님께서는 공생애 사역을 시작하는 시점에서 이사야의 말씀을 대언하심으로 자신이 이 세상에 찾아오신 목적을 분명히 밝히셨습니다. 주님은 자신을 통해 이루어갈 새로운 시대의 청사진을 오늘 우리에게 보여 주고 계십니다. 더욱 가슴 벅찬 사실은 이사야를 통해 선포된 그 예언의 주인공이 700여 년 후 직접 나타나 우리에게 이 말씀을 봉독해 주고 계시다는 사실입니다. 따라서 그분이 오늘 우리에게 주시는 메시지 역시 그대로 성취될 것입니다.
바라기는 구원의 문이 닫히고 은혜의 날이 아닌 보복의 날이 선포되는 비

참한 일이 일어나지 않도록 우리 주변에 믿지 않는 영혼들과 나아가 이 시대가 치유될 수 있도록 우리 모두 진정한 치유자의 역할을 감당할 수 있었으면 합니다.

말씀의 씨를 뿌리며

1. 예수님은 이사야서가 기록된 두루마리 성경을 펴 수많은 구절 가운데에서 이사야 61장 1-2절을 찾아 읽으셨습니다(17절). 특별히 이 말씀을 공생애 사역의 첫 선포로 삼으신 이유가 무엇이라고 생각합니까?(참고/누가복음 19:10)

   • 18-19절/

* 누가복음 19:10 인자가 온 것은 잃어버린 자를 찾아 구원하려 함이니라

2. 예수님께서 이 구절을 읽으실 때 우리 역시 인생들을 향한 주님의 애틋한 눈빛과 심정을 읽게 됩니다. 주님은 이 땅의 영혼들을 어떤 자들로 바라보고 계십니까? 당신의 시각과 비교해 볼 때 어떤 차이를 발견하게 됩니까?

   • 18절/

3. 주님은 가난한 자, 포로된 자, 눈먼 자, 눌린 자 외에도 이사야 61장 1절을 보면 마음이 상한 자를 고치시겠다고 말씀합니다. 성경에서 이러한 자들은 누구를 말합니까? 그리고 오늘날로 말하면 어떠한 자들을 가리킬까요?(참조/마태복음 5:3-10)

* **마태복음 5:3-10** 심령이 가난한 자는 복이 있나니 천국이 그들의 것임이요 애통하는 자는 복이 있나니 그들이 위로를 받을 것임이요 온유한 자는 복이 있나니 그들이 땅을 기업으로 받을 것임이요 의에 주리고 목마른 자는 복이 있나니 그들이 배부를 것임이요 긍휼히 여기는 자는 복이 있나니 그들이 긍휼히 여김을 받을 것임이요 마음이 청결한 자는 복이 있나니 그들이 하나님을 볼 것임이요 화평하게 하는 자는 복이 있나니 그들이 하나님의 아들이라 일컬음을 받을 것임이요 의를 위하여 박해를 받은 자는 복이 있나니 천국이 그들의 것임이라

4. 주님은 성령의 충만함을 입고 바로 이런 자들을 찾아 오셨습니다. 단순히 그들 앞에 서신 것이 아니라 그들의 마음속으로 찾아오셨습니다. 그러기에 주님은 우리 인생을 정확히 들여다 볼 수 있었습니다. 인간 내면의 깊은 상처와 자유에 대한 갈망을 인식했을 뿐만 아니라 근본적으로 그들의 아픔을 치료하고 문제를 해결해 주길 원하셨습니다. 한번 주님의 심정으로 당신이 품은 태신자들을 떠올려 보십시오. 그리고 그들의 상태를 영적으로 진단해 보십시오.

5. 아울러 주님은 복음이 필요한 자들에게 은혜의 해를 선포하신다고 말씀합니다. 이것은 레위기 25장 8-55절에 나오는 희년(jubilee)으로

50년마다 빚진 자들에게는 탕감을, 노예에게는 해방을, 그리고 경작지마다 쉼을, 모든 거민들이 자신의 고향으로 돌아가는 회복과 기쁨의 날을 의미합니다. 인생의 모든 짐과 무거운 죄에서 진정한 자유를 주시는 이 은혜의 날을 한 주간 어떻게 선포하시겠습니까?

6. 아름다운 소식이 사람을 치료합니다. 십자가와 부활의 복음만이 믿지 않는 영혼을 생명의 단비로 흠뻑 적실 수 있습니다. 그럼에도 주님께서는 이사야 61장 2절을 보면 '은혜의 해' 뿐만 아니라 '보복의 날' 도 선포하십니다. 보복의 날이란 어떠한 날을 의미합니까?(참조/요한복음 12:48)

* 요한복음 12:48 나를 저버리고 내 말을 받지 아니하는 자를 심판할 이가 있으니 곧 내가 한 그 말이 마지막 날에 그를 심판하리라

7. 이사야는 1차적으로 이스라엘이 바벨론으로부터 포로 귀환하는 그때가 이스라엘에게 '은혜의 해' 가 되지만 대적에게는 '복수', 곧 '심판' 의 때가 된다는 사실을 대조적으로 표현하고 있습니다. 특별히 여전히 믿지 않는 영혼들을 바라볼 때 이 사실이 어떻게 다가옵니까?

8. 우리가 전하는 "예수" 한마디 때문에 어두운 영혼에 하늘 빛이 비치고 은혜의 해가 임하길 소원하면서 다음 내용을 읽고 느낀점을 나누어 봅시다.

유명한 기독교 변증학자 C. S. 루이스는 하나님을 믿지 않는 것이 얼마나 무서운 죄인가를 분명하게 표현했습니다. "하나님이 없는 사람, 하나님을 무시하는 사람은 남의 것을 훔치는 단순한 절도죄를 범한 것이 아니다. 그 사람은 손에 든 무기를 내려놓아야 하는 반역자다. 무기를 내려놓고 항복하면서 잘못했다고 말하는 것, 그 동안 잘못된 길을 걸어왔음을 깨닫고 삶의 시작을 처음부터 다시 하는 것, 이것만이 멸망에서 빠져나올 수 있는 유일한 길이다."

예수 믿기를 거부하고 하나님 없는 삶을 사는 것은 단순한 죄가 아닙니다. 손에 무기를 들고 하나님을 향해 도전하는 반역죄인 것입니다. 그런데 이런 사람들이 우리 주변에 너무나 많습니다. 그들은 자기가 하나님 앞에서 이렇게 무서운 죄를 범하고 사는지도 모릅니다. 우리는 이런 사람들을 볼 때마다 가슴에 눈물을 담고 안타까운 심정으로 하나님께 부르짖어야 합니다.

찰스 웨슬레(Charles Wesley) 역시 믿지 않는 영국 사람들을 보면서 안타까운 심정으로 작시한 찬송가가 있는데, 바로 269장입니다. "웬일인가 내 형제여." "Why not believe, my brother?" 원문에는 왜 믿지 않느냐로 되어 있습니다. 그 찬송가를 보면 그의 마음에 뜨거운 눈물이 솟구치는 것을 느낄 수 있습니다.

우리에게도 이런 절규하는 가슴이 있어야 합니다. 미루는 자들을 방치하다가 결국 그들을 영원히 놓치게 되면 우리 역시 절대로 행복할 수 없습니다. 안 믿겠다고 미루는 남편의 비위를 맞춘다고 계속 시간을 보내다가, 어느 날 갑자기 남편이 아내 곁을 떠나게 될 때를 상상해 보십시오. 남아 있는 아내의 마음에 어떤 고통이 임하겠습니까?

우리 주위에 은혜의 날이 필요치 않은 영혼이란 없습니다. 보복의 날을 향해 나아가는 믿지 않는 영혼들을 어서 속히 건져내어, 이 땅에서 은혜의 날을 예비하도록 하는 일에 우리 모두 쓰임 받길 바랍니다.

삶의 열매를 거두며

주님은 오늘 놀라운 선포를 하십니다. "이 글이 오늘 너희들에게 응하였느니라"(21절). 단순히 이 말씀이 이사야의 예언으로 선포만 된 것이 아니라 말씀을 듣는 이 현장에 실제로 이루어졌다는 것입니다. 오늘도 하나님은 이 말씀이 여러분을 통해 응하길 원하십니다. 우리의 손에 들린 복음은 영혼의 치유와 회복과 변화를 일으키는 살아 역사하는 말씀입니다. 이 시간 품고 있는 태신자들에게 보복의 날이 아닌 은혜의 날이 임하도록 기도합시다. 또한 우리 모두 주의 영이 충만하여 담대히 은혜의 날을 선포하게 해달라고 뜨겁게 합심해서 기도합시다.